그리운 식욕

이 도서의 국립중앙도서관 출판예정도서목록(CIP)은 서지정보유통지원시스템
홈페이지(http://seoji.nl.go.kr)와 국가자료공동목록시스템(http://www.nl.go.kr/kolisnet)에서
이용하실 수 있습니다. (CIP제어번호 : CIP2019000345)

그리운 식욕

초판 1쇄 발행 2019년 1월 15일

지은이 유은미

펴낸이 임병천
펴낸곳 책나무출판사
출판신고 2004년 4월 22일(제318-00034)

주소 서울시 영등포구 신길3동 325-70 3F
전화 02-338-1228 **팩스** 0505-866-8254
홈페이지 www.booktree.info

ⓒ 유은미 2019
ISBN 978-89-6339-604-0 03810

*이 책의 판권은 지은이와 책나무출판사에 있습니다.
*양측의 서면 동의 없는 무단 전재 및 복제를 금합니다.
*잘못된 책은 바꿔드립니다.

그리운 식욕

유은미
시집

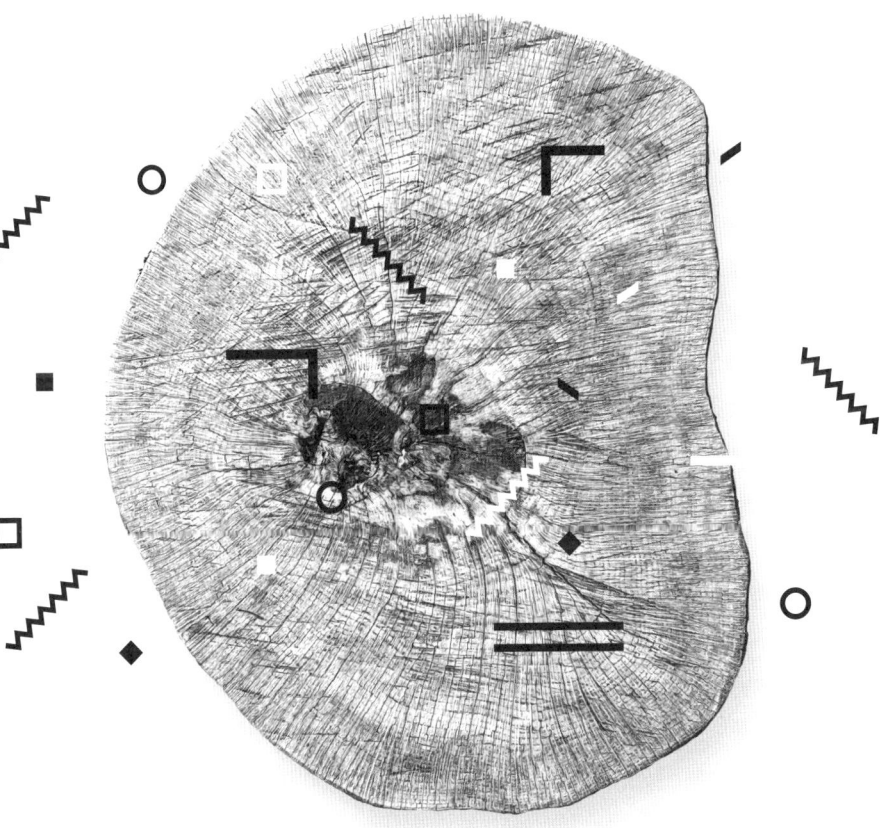

책나무 출판사

시인의 말

두 번째 시집이라니…

생각만 해도
가슴 벅찬 사건이다

벚꽃의 향기
소나기 지나가던 여름날
파란 하늘 그리고
눈 내리는 겨울밤까지

이 모든 것들이
자꾸 내게
말을 걸어오는 통에
결국 또다시
용기를 내어
시를 쓰게 되었다

은근
동네방네
자랑하고 다니실
부모님 생각에
사뭇 어깨가 들썩여 진다

고운 별처럼
사람들 가슴속에
희망처럼 반짝이는
시집이 되실
기대해 본다

2018년 12월
눈 오는 날에

목차

시인의 말　　　　　　004

가을 운동회　　　　　008
여주 중앙 분식　　　　010
껄껄껄　　　　　　　012
쌀벌레　　　　　　　013
내 고향 강원도　　　　014
잔치국수　　　　　　016
노란 국화　　　　　　018
자꾸자꾸　　　　　　019
가을바람　　　　　　020
사랑이란　　　　　　021
묵언　　　　　　　　022
술주정　　　　　　　024
별　　　　　　　　　025
윤회　　　　　　　　026
산길　　　　　　　　028
초승달　　　　　　　031
봄이면　　　　　　　032
이별　　　　　　　　033
여름　　　　　　　　034
먹통　　　　　　　　036
고추장 담그기　　　　038

그믐밤　　　　　　　040
벚꽃 엔딩　　　　　　041
외갓집　　　　　　　042
여름 김장　　　　　　044
도루묵　　　　　　　046
일어났니?　　　　　　048
기다리고 있을 테야　　049
해 질 녘　　　　　　　050
소쩍새 우는 밤에　　　051
감이 익어가니　　　　052
막걸리 연가　　　　　054
황태 같은 사람　　　　056
산 그림자　　　　　　058
농심　　　　　　　　059
그러니까 그래서　　　060
모란이 피었다　　　　062
보라 꽃향기　　　　　064
적막강산　　　　　　065
개불알꽃　　　　　　066
틈　　　　　　　　　067
척　　　　　　　　　068

안부	070	산고	104
적막한 밤에	071	지나가는 비	106
웃풍	072	고물상 수캐	108
그리운 식욕	074	겸상	110
복숭아	076	참나무 숲에서는	112
곱창을 씹고 싶다	078	여승(女僧)	114
폭식	080	밤꽃	115
참 좋다	081	늙은 개	116
정월 초이틀	082	살구나무	117
코스모스	084	보리밥이 먹고 싶다	118
고즈넉한	085	사월 초파일	120
꽃처럼 피고 싶다	086	부고	121
벚꽃	088	붕어 낚시	122
삼양 닭집	090	아카시아꽃 핀 무렵	124
드러눕다	092	삼복더위	126
파꽃	094	맷돌	128
옛사랑	096		
초승달	097		
비 오는 날의 여유	098		
지게꾼	100		
약 수	102		

가을 운동회

운동장만 한 하늘엔
만국기가 펄럭이고

떡살처럼 새하얀 횟가루가
직선 곡선 타원형을 그리며
선수들을 긴장시킨다

청군 이겨라
백군 이겨라

달리기 잘하는 종환이는
물 찬 제비처럼 결승전을
지나치며 만세를 부르고
힘이 장사인 성태는
줄다리기로 천하를 잡아당긴다

애향단 계주로 출전한
춘식이 엄마가
본부석을 지나칠 찰나

희뿌연 흙먼지 속으로
새로 사 입은 월남치마가
꽃잎을 떨구며 뒤집어진다

상으로 받은 고무 대야에
붉은 노을이 찰랑이고
때가 꼬질꼬질한 아이들 얼굴은
개선장군처럼 사뭇 진지하다

교장선생님 폐회식 선언으로
가을 운동회는 끝이 나도
흥겨운 노랫소리가
집까지 이어진다

여주 중앙 분식

아는 사람만 찾는 그곳엔

백발의 주인 부부와
떡두꺼비처럼 생긴 아들이
삐꺽거리는 의자에 앉아서
손님을 기다린다

주름이 고랑처럼 파인 손으로
고달픈 세월을
주무르고 늘리면서
40년을 이어온
칼국수 전문점

빛바랜 메뉴판이
벽을 장식하고
주류회사 달력 속
어여쁜 아가씨는
사시사철 발가벗은 채
상냥하게 웃고 있다

테이블에 앉은 손님 수만큼
뭉텅뭉텅 방금 썬 국수를
양은솥에 집어넣으며
또다시
티브이 속 드라마에 빠져들며
깔깔깔 웃고 있다

칼국수 위에 뿌려진
과한 후추 때문인지
주인 여자를 닮은
어머니 때문인지

눈시울이 붉어지고
가슴이 울컥해지면서
나는 칼국수 한 그릇을
마주하고 있다

껄껄껄

만나지 말걸
사랑하지 말걸
헤어지지 말걸
.
.
.
껄
껄
껄

흐느끼며 웃는다

껄
껄
껄

울면서 흐느낀다

쌀벌레

정적을 깨는 소리
사락사락 사사락

여주대왕님표 진상미
20킬로 쌀포대 안

새까만 쌀벌레의
무허가 도정 소리

멀쩡한 귀한 쌀을
싸라기로 가공했네

앙큼한 저 **녀석들**
도저히 용서 못 해

손톱 끝 날을 세워
똑똑똑 능지처참

내 고향 강원도

강원도로 가는 길엔
굽이굽이 타령이 절로 난다

비슷비슷하게 생긴 사람들

햇빛에 그을린
까무잡잡한 얼굴로
화장을 대신하고

환하게 웃을 때마다
잘 익은 강냉이처럼
촘촘히 박힌 앞니에선
빛이 튕겨 나온다

화려한 고명도 쑥스러워,
그저 수북이 내어놓은
음식들마다 재를 이룬다

뜨끈한 아랫목은

손에게 내어주고

어두침침한 부엌에선
닭을 삶고 떡을 찌고
국수를 누르느라
밤늦도록 시끌시끌
맛있는 냄새가
소문처럼 퍼져 나간다

정이 고플 땐
사람이 그리울 땐

골 안 깊숙이 숨어있는
강원도 내 고향 집으로
돌아가고 싶다
머무르고 싶다

잔치국수

눈이 펑펑 내려
집 안에 갇혀 버렸다

반가운 손님이
오려나 싶어,

얼른 국수물을 올린다

소금처럼 짭조름한
한 움큼의 멸치 떼들
양은솥에서 헤엄쳐 다닌다

실타래 같은 국수 가락을
대접 가득 담아내니

눈밭을 걸어온
신랑 같은 내 님이

고명처럼 웃으며

뜨끈한 국물을 후루룩

마신다

노란 국화

초 저녁 부는 찬바람에
고단한 향기가
한 잎 한 잎 쓸쓸도 하다

임도 가고 계절도 가고

이젠 울 일만 남았구나
그래 실컷 울어보자

내년 봄 꼭 그 자리에
또다시 새살처럼
움이 돋아나면

가슴속 이야기
푸념처럼 털어놓고

다시 시작하는 거야
두 번째 가을을

자꾸자꾸

가을은 쓸쓸해서
네가 자꾸
생각나

달콤한
솜사탕처럼

내 맘 자꾸
녹아내려

나는
자꾸자꾸
웃상을 짓는다

가을바람

바람이 불어온다

외면하듯 힐끔대며
바람이 지나간다

무심한 내 발걸음
머뭇머뭇 제자리서

저만치 멀어지는
네 모습 배웅한다

때마침 낙엽 하나
마음속으로 들어왔다

사랑이란

보고 있어도
그리웁고

듣고 있어도
듣고 싶고

안고 있어도
허전하고

사랑이란

끝없는 투정
끝없는 진행형

묵언

사랑한다고
보고 싶다고

수없이 뱉었던
가벼운 말들

구멍 뚫려 허한 가슴
더 이상 꺼낼 게 없다

숨소리의 가는 틈만
허락할까 하노니

그 어떤 이유라도
입안을 못 떠난다

그리워 죽을 때까지
꾹꾹 버티리라

말 걸지 말아라

묵언 중인 나에게

술주정

술잔에 부서지는
그리움을 안주 삼아

별들이 총총거리는
새벽까지 취하련다

오늘도 어김없이
떠오르는 너를 향해

혀 꼬여 횡설수설
사랑한다 주정할래

별

연인들 숫자만큼
하늘엔 별도 많다

연인들 숫자만큼
하늘에 별이 없다

윤회

길가에 우두커니
우리 집만 있었다

있으나 마나 한 대문으로
행상 어멈, 거지,
심지어 밤에는
도둑까지 다녀가곤 하였다

흙바닥 부엌에 쪼그리고 앉아
깍두기를 버무리던 엄마 옆에서
참새처럼 쫑알거리며
걸리적거리고 있을 무렵

아버지 또래쯤 돼 보이는 스님이
시주하러 대문 안으로 들어섰다
"엄마 계시니?"
"집에 아무도 없어요"
대여섯 살 계집아이 입에서
어찌 고런 말이 나왔을까

"엄마 내가 집에 아무도 없다고 했어
잘했지?"
간 줄 알았던 스님이 등 뒤에 서서
나를 쏘아보고 계셨다
난 경기하듯 울었고
기억은 딱 거기서 끊기고 말았다

몇 년 전 치악산 향로봉 산행 중
무심코 들른 보문사에
낯익은 노스님이 절 마당을
쓸고 계셨다

곰삭은 기억이 떠올라
발그레한 얼굴로 속죄하듯
인사를 드리고 돌아서는데,

여섯 살 아이처럼 노스님이
그때까지 웃고 계셨다

산길

태풍이 지나간 며칠 후

샘물처럼 맑고 깊은 하늘 위로
광교산이 떠 있다
도랑처럼 생긴 산길을 따라
우리들은 거꾸로 거꾸로
흘러 들어갔다

뚝뚝 끊긴 개똥 조각이
길 한가운데 떨어져 있다
모퉁이처럼 돌아선 뒤
퉤퉤 침을 뱉었다

깊이 들어갈수록
숨은 차오르고
다리가 후들거린다
문득
해녀들이 존경스럽다고 생각한다

한 하산객 뒤로 개가 따라온다

눈물 자국으로 눈 밑은
진흙을 개어 붙인 듯
딱지가 생겼다
뒤엉킨 털에
때가 꼬질꼬질하다

이번엔 우리를 따라온다
울상을 한 채 서럽게 따라온다
저리 가라고 손짓을 해도 따라온다

잠수하듯 재빠르게
산속으로 숨어 버렸다

너를 버린 네 주인을 어찌 욕하리
나도 이렇게 매정하게 돌아섰는데.

일상으로 돌아왔건만

외로운 네 신세처럼
여전히 그 산길을 헤매고 있다
바람처럼 떠돌고 있다

초승달

그믐처럼 고요하다

밥 안치고 부엌문을
더듬으며 나서는데,

서쪽 하늘 낮은 산에
밥풀때기 대롱대롱

사흘 만에 초승달이
달랑 한 알 떴구나

손톱으로 똑 떼어
비밀처럼 간직한 채

그리움을 뭉개서
너에게로 부치련다

봄이면

외갓집 뒤꼍 돌담 아래
봄이면
어김없이 꽃 피우던

저 살구꽃은
저 모란은
저 불두화는

허물어져 가는 기억들을
향기로 채우면서
올해도 그렇게
피었을 것이다

내가 이리도
잊지 못하는 걸 보면

이별

하늘과
땅 사인
한 뼘

너와
나 사인
두 뼘

여름

쑥갓꽃이 노오랗게 웃자랐다
더위 먹은 흰나비의 날갯짓도 귀찮은
늦은 오후

스레트 지붕 위로 드러누운 해그림자
서산까지 뉘엿뉘엿 언제 넘어가려누
약 오른 풋고추에 석양이 물든다

지글거리는 뽁짝장 주위로
텃밭을 옮겨다 놨다

보따리만 한 상추쌈에
입은 미어지고
가재미처럼 쏠린 눈으로
하늘을 올려다보며

우리들은 마냥 행복했다

매캐한 쑥 향이

모기장처럼 평상을 휘감고
매미 소리 별빛에 깜빡일 때

소쿠리 가득한 찐 옥수수처럼
여름밤은
찰지게 찰지게 익어갔다

먹통

장수상회 간판 옆
네모난 공중전화

고장

매정하게 써 붙여놓은
종이 딱지 때문에
듣지도 말하지도 못하는
신세가 되었다

너와의 사랑도
당분간 먹통

동전만 한 그리움만

땡
그
랑

땡
그
랑

고추장 담그기

엿기름 고는 냄새
가마솥에 눌어붙고
아궁이 속 싸릿가지
타닥타닥 불꽃 튄다

대문 밖 아이들은
물코를 흘리면서
망아지처럼 깡충깡충
마당에서 성가시다

나가 놀아라
나가 놀아라

한 주걱의 지청구를
허공에다 휘젓는다

간수 빠진 굵은소금
낙화처럼 뿌려지고
시뻘건 고춧물이

엄마 손을 물들인다

떡살 같은 메줏가루
간데없이 섞이면서
들큼한 매운 김이
묵처럼 식어간다

윗목에 널어놓은 희아리처럼
희끗희끗한 엄마의 머리카락이
정수리를 뒤덮었다

고추장도 찍어내는
직금의 세월 앞에

장독대 빈 항아리
왕년을 생각하며
자식 떠난 엄마 품처럼
쓸쓸도 하다

그믐밤

더듬더듬 어두운 하늘

떨어지는 폭포수에
처녀 귀신 멱을 감고
사시나무 머리 풀고
오들오들 떨고 있다

떡갈나무 잎사귀 뒤
콩알만 한 쐐기 녀석
잔털을 세우고서
곤하게 자는 척

눈 맞은 처녀 총각
연애하기 좋은 밤

개 짖는 소리로 산 아래가 시끄럽다

벚꽃 엔딩

벚꽃이
한 장씩
한 방울씩 흩어진다

향기는
바람이 되고 구름이 되고
결국 봄비가 된다

움푹 파인 가슴에
촉촉이 스며들더니
찰랑찰랑 쌓이더니

질질 끓는 심장에
타들어 간다

얼룩은 결국
그리움으로 남았다

외갓집

한겨울 칼바람에
빳빳하게 얼어붙고

눈꽃 같은 서리까지
소금처럼 흩뿌려진

구부정한 신작로 오리길을

발자국 폴짝폴짝
앞질러서 뛰어가면

대문 앞 누렁이도
제자리서 껑충껑충

육십 촉 백열등이
희끄무레 어둔 부엌
고등어 굽는 연기로
지글지글 부산하다

외할머니 요강 부셔
윗목에다 대령하고
뜨끈한 아랫목에
도란도란 누우면

귀신 나는 옛날얘기
밤늦도록 이어지고
겁에 질린 달그림자
무섭다고 징징댈 때

외할머니 잔기침 소리에
겨울밤도 돌아눕는다

여름 김장

장마 올라 부랴부랴
신문지로 보쌈당해
거친 인부 손을 타니
여기가 어디더냐
농수산물 경기상회

하루 지나 이틀 되니
누런 떡잎 볼품없어
몸값 내려 헐값이네
이천 원을 더 깎아서
저 배추는 내가 임자

두 망태기 배추 포기
소금 목욕 노곤해도
고추 마늘 새우젓이
양념 되어 손짓하네

맨손으로 버무리고
우적우적 맛을 보니

원래 있던 입맛에다
밥 한 공기 추가로다

여름에 담갔으니
당연지사 여름 김장
겨울이 올 때까지
김치 걱정 안하리라

도루묵

강릉 동해 바다
지멋대로 노닐다가

어이없이 걸려든 게
억울하고 서럽던지

아가리 쩍 벌린 채
두 눈조차 뜨고 있다

통통한 암컷 배엔
미끄덩한 알 꾸러미

강제로 해산시켜
한 움큼 씹어 보니

모진 팔자 아니랄까
질기기가 한이 없네

빳빳한 몸뚱어리

석쇠 위에 올려놓고

굵은 소금 타닥타닥
위로하듯 뿌려본다

일어났니?

나리 처녀 드디어
배시시 일어났네

노란 하품 늘어지게
앙 담은 입 시원하다

목젖에 주근깨도
닥지닥지 이쁘다

노란 꽃잎 간드러지게
나비처럼 나풀나풀

봄바람에 헝클어진
네 모습도 사랑스러워

예전에 좋아했던
그녀처럼 이쁘다

기다리고 있을 테야

두 눈가에 그늘이 자라고
소매 끝 솔기가
지푸라기처럼 보풀 일어도

난 이렇게
기다리고 있을 테야

감아 놓은 세월들이
실 뭉텅이처럼 커져가도

난 내일도
기다리고 있을 테야

차가운 너를 닮은
겨울이 올 때까지

기다릴 시간이
더디게 빨리 간다

해 질 녘

초겨울 하루는
해 짧다 서둘러라

추운 거리 위로
발걸음이 잦아든다

지는 해 쳐다보며
만종을 떠올린다

남겨진 오늘 하루
너를 위해 쓰려 하네

해 저물어 밤이 되면
두 손 모아 기도하리

소쩍새 우는 밤에

어둠에 포위된 산속
깊숙이 박혀있는 별들은
아무리 깜빡여도 소용없다

새처럼 날아가는 바람 소리에 놀라
떡갈나무 이파리에 매달려 있던
자벌레 한 마리가 툭 떨어진다

잠귀 밝은 아버지가 뒤척이신다

앞산에선 일가친척 없는
소쩍새 한 마리가 울고 있다
이찐지 슬픈 생각이 든다

감이 익어가니

우리 동네 맨 끝에 집부터
가을이 찾아든다

울 밖은 무시무시한 산속이라
스레트 지붕엔 늘 그림자가
웅크리고 있었다

그늘이 이끼처럼 자라는
구부정한 뒤안길을 돌면
그 집 맏아들 또래인
늙은 감나무가 서 있었다

뭉툭한 손으로
침을 잘 놓던 그 집 엄마는
중풍에 걸려 삼 년을 더 사시다가
가파른 언덕배기에 묻히셨다

참 쓸쓸하게도
그렇게

빈집으로 남겨졌지만
감나무는 꿋꿋도 하다

기웃거리는 인기척에

서둘러서 붉은 감들이
주렁주렁 말랑하게
가지를 늘어뜨린다

우리 동네 맨 끝에 집부터
가을이 떠나간다

막걸리 연가

벌컥벌컥
시큼 떨떠름한 표정을
오른손으로 닦아버린다
내키는 대로 집어 든
부침개가 입안 가득이다

온종일 비가 내리는 날엔
흙탕물처럼 뿌연 막걸리를
마셔야 한다

도랑처럼 생긴 목구멍을 타고
꿀떡꿀떡 이야기가 흘러나오고
시름은 저 멀리 떠내려간다

처마 밑 늙은 개가
물끄러미 쳐다본다
세상 같은 건 관심이 없다
그저 껌뻑이며 의젓하게
꼬리만 흔들 뿐.

기억도 없는 추억을 끄집어내어
그리움을 반복한다
전생에 너와 나는 식구였으리라

홀쭉해진 술잔을
단숨에 내려놓으며
밥처럼 벌컥인 막걸리 때문인지

싸구려 유행가를
흥얼거리며, 우쭐거리며
즐거워한다

황태 같은 사람

조금 늦은 이 시간
정적을 쭉쭉 찢어가며
휴대폰이 나를 불러댄다

뻔한 신세타령으로
안부를 건넨다

사람이 싫어서 산으로
갔었다는 그는 결국,
사람이 그리워 다시
세상으로 나왔다고 했다

그의 삶이란
용대리 덕장에 매달려 있는
명태를 닮았다

얼었다 녹았다를
수행처럼 반복하며
빳빳하게 지쳐있다

찬물처럼 속 시원한
위로를 해달라며
조르는 것 같았다

전화기 너머로 해장처럼
한마디 건넨다

"친구야 넌 명태 같은 아니
황태 같은 사람이야
시간이 지날수록 뽀얗게
우러나는…"

빈 술잔처럼
홀가분하게
휴대폰을 내려놓으며
분명 피식 웃었을 것이다

산 그림자

산 그림자 덩그러니
물속으로 첨벙하니

팔뚝만 한 잉어 녀석
긴 수염을 움찔하며
처박힌 나무 사이로
재빠르게 숨어 버린다

저 높은 치악산을
통째로 삼켰건만
저수지는 한 방울도
넘치질 않는다

수심을 알 리 없는
물오리 한 쌍만이
드러누운 산등성을
오르내리고 있다

농심

열무 한 단 990원
쪽파   2000원
무   990원

그럼
농부들은 뭐가 남을까?

한숨
골병
그리고
빚
…

김치를 담그는 내내
부모님 생각이 났다

그러니까 그래서

늘어진 산 허리춤
덥수룩한 마른 풀 사이로
따듯한 바람이 파고든다
살찐 햇살이 핥고 있다

나는 팔짱을 낀 채 앉아 있다

무슨 이야기라도
해주고 싶다
넌지시 그 손도 잡고 싶다

추운 거리를 지나온
너랑 그렇게 단둘이서

낮달이 망을 봐주는 사이
폭신한 꽃그늘 아래서
아찔한 추억을 만들고 싶다
숨이 차도록 웃고 싶다

이 봄이 특별한 이유가

그러니까 그래서

모란이 피었다

친정집 울안에
모란이 피었다

포개진 꽃잎 사이로
파고드는 햇살과
팔랑대는 바람 탓에
자줏빛 향기가
속수무책이다

사발만 한 꽃송이마다
타령처럼 흥겨운
벌 나비의 독무가
신명 나게 즐겁다

만개한 봄날이
시들어 내릴 즈음

터벅터벅
울 밖으로 돌아 나와

비로소 모란꽃을

외면하련다

친정집 울안에

모란이 또 피었다

보라 꽃향기

연등처럼 늘어진
저 보랏빛
라일락꽃 향기가
자꾸 나를 따라온다

수줍어 오물오물
끝내 뱉어내지 못한
그 말 한마디

나 너 좋아해

멀대 같은
저
라일락 녀석

이 봄도 말없이 꽃을
피우고 있다
편지처럼 향기를
내게로 보내기 위해

적막강산

밤이 깊어질수록
걸쭉했던 달빛은
말갛게 희석되어
뚝배기 모양의 산동네로
가라앉고 있었다

짐승처럼 우는
바람 소리에 놀라
건천에 박혀있던 별들은
아슬아슬하게
깜빡이곤 하였다

찜찜한 어둠을
한 꺼풀씩 벗겨내며
나는 또 이렇게
쓸쓸히 이 밤을
독차지하고 있다

개불알꽃

봄비 내려 불어터진
친정집 마당가에
아침부터 짤랑짤랑
방울 소리 요란하다

우윳빛 햇살이
들춰낸 잎사귀 사이로
탱탱한 개불알꽃이
일곱 개나 피어있다

쥐똥나무 울타리 아래서
꾸벅꾸벅 졸고 있던,

늙은 암캐의
비틀어진 젖꼭지에
찌릿찌릿 주책없이
젖이 돌고 있다

틈

난 여기서

넌 거기서

그리움으로
메꾸다

척

서슬 퍼렇던
여름날의 오기가
아슬아슬하다

퇴색해 가는
너의 안색
차라리 외면하련다

척!

푹 꺼진 마당 위로
드디어
낙엽 하나가
떨어졌다

못 들은 척
못 본 척

그렇게

한 생애가

달아나고 있다

안부

잘 있지…

너 없는 세상

참

고요하다

적막한 밤에

음력
팔월 스무아흐레

어둠에 짓눌린
풀벌레 한 마리
밤의 언저리에서
신음하고 있다

개도 늙으니
귀까지 먹었나
밤이 깊도록
짖지도 않는다

누더기 같은 어둠이
낙엽처럼 해질 즈음
둥그런 햇빛 타래가
한 땀 한 땀
아침을 기우고 있다

웃풍

절절 끓는 아랫목

펼쳐 놓은 밍크 담요 위로
호랑이 한 마리가
엎드려 있다
스텐 고봉밥을
새끼처럼 품은 채

창호지 문풍지가
굶주린 황소처럼
사납게 울어댄다

성에가 그려진 창문 밖은
온통 하얗다

냉랭한 윗목

널어놓은 옷가지가
이등병 오라비처럼

빳빳하다

왕겨 속에 묻어놓은
주먹만 한 고구마엔
눈치 없이 파란 싹이
움트고 있다

그리운 식욕

화로에 걸쳐 놓은 삼발이 위로
이 빠진 투가리가 와글와글
수다스럽다

알배기 꽁치는
얼기설기한 석쇠 위에서
노릇한 냄새를 풍기며
지글거린다

새빨간 목단꽃이
반찬처럼 피어있고
찰진 웃음꽃을
밥처럼 떠먹던
양은 밥상

그 저녁 밥상

한 달 만에 다녀간
행상 어멈 덕이리라

어머니 같던 그 여인

세월 속을 헤매는가

여태껏 오지 않는다

뿌연 뜬 물통 위로

기름진 보름달이

고기처럼 떠 있다

복숭아

지름길로 올라온
8월의 아침 해가
가쁜 숨을 몰아쉬며
재빠르게 어둠을
걷어 낸다

손금처럼 훤히 보이는
신작로를 가로질러
빈 경운기가 지나간다

익을 대로 익어버린
물오른 복숭아가
아버지 손이 닿을 때마다
한 알 한 알씩
가지에서 떨어진다

뒤따르던 엄마의 시선이 깔끄럽다

저 붉으래한 씨알마다

봄이 있고
여름이 있고
또
겨울이 있다

택배로 보내 주신
복숭아를 베어 무니
아삭한 속살이
달콤하게 씹힌다

하룻밤 새 상해버린
물컹한 상처가
늙은 엄마처럼
아프게 한다

곱창을 씹고 싶다

곱창을 씹고 싶다

쫄깃한 덩어리를
연탄불에 굴려서

노릇하게 오그라들면
추잉검처럼 잘근잘근
그렇게 씹고 싶다

수퇘지 누린내가
아카시아 향 같다

동그란 식당 안이
연기로 자욱하네

곱창집 주인 여자
곱게도 늙었다

그 집은 곱창이 유난히 맛있다

그 집은 손님이 절반은 남자다

폭식

발자국을 고물처럼
똑똑 흘리면서
네 집 앞
거기서
나는 멈췄다

네 눈을 쳐다보며
네 입을 바라보며
내가 지금 듣고픈 말
네가 지금 하고픈 말

눈치 빠른 어둠이
비처럼 젖어 들 때

둘은 우산처럼
밤을 뒤집어쓰고
고팠던 사랑을
폭식하고 말았다

참 좋다

니 맘속에 내가 있어
니는
참 좋겠다

내 맘속에 니가 있어
나는
참 좋다

정월 초이틀

산 너머 너머
가파른 마루에는
오싹한 눈꽃들이
흐드러지게 피어있다

솔밭 가 양지바른
묘 둥지 하나
용마루가 허물어져
쓸쓸도 한데,
지나가던 바람만이
들여다본다

절 마당 모퉁이서
늙은 처사가
눈을 쓸고 있다

더 늙은 물푸레나무는
스피커에서 흘러나오는
목탁 소리를 들으며

가지를 조아린다

대웅전 댓돌 위
털 고무신 두 켤레
기도하는 할머니 따라
합장하듯 가지런하다

한 말가웃 공양미가
인심 좋게 앉아있다

코스모스

코스모스가 제 몸을
바람에 내어 줄 제,
풀숲 안 풀벌레
덩달아 숨죽인다

가녀린 떨림은
수줍은 부끄럼

가을밤 저 달이 눈감고 훔쳐보네

고즈넉한

풍경 소리 묵언 중인
고즈넉한 깊은 산사

빛바랜 탱화 밖으로
관세음보살님의 웃음소리가
새어 나온다

대웅전 마당을
서성이는 늙은 개의
늘어진 뱃살이
장삼 자락 같다

산 그림자 길어지는 늦은 오후

오르막 산길을 따라
노스님이 찍고 가는
가지런한 발자국이

낙관처럼 반짝인다

꽃처럼 피고 싶다

두 평 남짓한 화단에
무성한 잡초들이
청춘처럼 거침없어도
언제나 채송화는 맨 앞에서
분홍 꽃을 피워낸다

악담처럼 무서리가
한바탕 뿌려져도
국화는 성냄도 없이
노오란 꽃을 피워낸다

잠깐 들렀다 가는
한 움큼의 햇살이
고마운 오후

떨구고 간 빛의 가루들이
나비처럼 날아다니고
간밤에 불던 바람
오늘 밤에도 스칠 적에

나도 저 꽃들처럼
그렇게 피고 싶다

찬란하게 시들어
흔적 없이 사라진데도

벼꽃

아침나절부터 불던 바람이
논두렁에 걸터앉아
절을 하고 있다

벌어진 껍질 사이로
우담발라가 피었다

수줍어 누가 볼까
행여나 눈에 띌까

서둘러 합장하듯
앙 담은 벼 이삭들

목 메이게 뜨거운
여름날을 쟁여놓고

속으로 안으로
찰지게 익어간다

더러더러 섞여 있는
쭉정이 골라내어

사리 같은 낟알들만
뽀얗게 담아서

오동나무 뒤주에
허리 숙여 채운다

삼양 닭집

강릉 중앙시장 삼양 닭집엔
인심 좋은 엄마와
인물 좋은 아들이 있다

며느리도 모르는
둘만의 비법으로
조각난 닭을
퍼즐처럼 끼어 맞춰서
뜨거운 기름 속으로
몰아넣으니

팝콘처럼 파삭거리며
기름 속을 날아다닌다

삽시간에 퍼져나간
고소한 냄새로
닭집 앞은 어느새
손님들로 시끄럽다

그 집 문전성시
진짜 비법은

며느리 얼굴이
절세미인 이렸다

드러눕다

엿가락처럼
칙칙 늘어진 달빛이
희뿌옇게 뭉개져서
우리 집 지붕 위로
드러눕다

어둠 속을 헤매느라
녹초가 된 풀벌레 소리
새벽이슬 베개 삼아
동그랗게
드러눕다

늙으신 부모님의
낡은 신발 두 켤레
차가운 댓돌 위서
금슬 좋게
드러눕다

내 또래인

안방 괘종시계
반년째 드러누워
6시만 가리킨다

먼지 낀 시계추에
세월이 드러눕다

파꽃

과수댁 텃밭
고랑마다 가지런하게
파가 자란다

끈적한 욕심은
달빛에 헹구고
부질없는 미련은
햇빛에 말리면서

빈 가슴 꼿꼿하게
잘도 자랐다

흰 나비 날아들어
대롱 끝을 희롱하니

울컥하고 치민 욕정
더는 어쩌지 못하고
한 무더니 덥석
사정을 해 버렸다

동네 창피하다며
텃밭에 주저앉아
엉엉 우는 과수댁을

홀아비 하나가
멋쩍게 훔쳐본다

옛사랑

설핏한
풀벌레 소리가
귓전에 앉아 소곤거리니,
잠들었던 그리움이
투정을 부린다

징검다리 별을 밟고
출렁이며 찾아간 곳

그 집 앞 그 애 옆에서
어린 내가 웃고 있다

초승달

설익은 밤
야트막한 하늘가에
정박한 초승달아

하늘 한복판까지
나 좀 실어다 주렴

별이 된 올케언니
얼굴 한 번 보고 오게

비 오는 날의 여유

스레트 지붕 고운 결 따라
소면이 쏟아져 내린다

흥건한 국수 타래가
처마 밑에서 퍼지고 있다

밀가루 반죽을 치대느라
부엌 안이 시끄럽다

구수한 장국 냄새가
시장기를 보챈다

컴컴한 헛간 안

삽자루 호밋자루가
가지런하게 누워있다

봄볕에 그을린 몰골이
애처롭다

청개구리 노랫소리가
절정에 달할 즈음

스텐 쟁반 가득
국수가 차려졌다

후루룩 건져 올린
젓가락 사이로

뜨끈한 빗줄기가
맛있게 흐른다

지게꾼

집채만 한 짐을 지고
어딜 그리 오르느뇨?

바싹 마른 종아리가
애처롭기 그지없네

주어진 운명대로
타고난 팔자대로

직업에 귀천 없어
지게꾼이 되었다네

오르고 오르기를
하루에도 서너 번씩

하루 품삯 고작해야
만 원 지폐 대여섯 장

쌀도 사고 옷도 사고

참고서도 살 수 있네

지아비 공경하라
네 아비 공경하라

뒷모습 보았거든
앞모습 보았거든

약 수

촉촉한 햇살이 내리는
이른 아침

자전거 바퀴가
해소 기침을 하며
겨우겨우 굴러간다

줄무늬 티셔츠를 입은
구부정한 사내의 머리는

그 흔한 머리카락도 없어
칠십은 훌쩍 넘어 보인다

연두색 플라스틱
경월 소주병 대여섯 개가

진땀을 흘리며 나란히 서 있다

빈틈없이 채워진 약수가

감쪽같다

삐뚤거리는
바큇자국을 따라서

똑. 똑. 똑.

시원한 물방울이
도로를
박음질하고 있다

산고

당신의 살점을
갈기갈기 찢긴 게

미안하고 미안해서
울면서 나왔다네

내 속으로 새끼 낳아
엄마처럼 엄마 되니

세상살이 고단해도
산고만큼 아니더라

늙어가는 엄마 모습
산고보다 더한 고통

가실 날 언제일지
아무도 모르기에

내가 지금 전화기를

드는 이유 알겠지?

지나가는 비

컴컴한 바람이 삽시간에
들이닥친다

단정했던 이파리들은
한 움큼이나 빠져나가고
풀어 헤쳐진 채 어수선하다

비설거지로 분주한
이웃집 마당부터
비가 시작된다

원을 그리며 튀어 오르던
흙먼지가 이내 주저앉는다

길 위로 흐르는 실개천엔
발가벗은 지렁이가
용처럼 꿈틀대고

떠내려가는 발자국 따라

물장구 소리 경쾌하다

고물상 수캐

낙서처럼 써 붙인
고물상 간판 앞에
고양이상을 한 수캐가
졸고 있다

푸지게 싸놓은 똥 무더기가
개 밥그릇만 하다

단골 고객을 꿰뚫고 있기에
짖을 생각도 안 한다

바퀴처럼 굴러가던
초여름 둥근 해가

서쪽으로 난
양철 대문 앞을
지나가고 나서야
자리를 털고 일어난다

야간 경비는 늙어서
해고당했다

합판 개집 위로
찌그러진 달이
외눈을 깜빡이며
졸고 있다

겸상

보글거리며 끓기 시작한
애호박 된장찌개는

8시 막차가 끊기고 나서야
잠잠해졌다

반숙 계란 후라이 두 개가
행남자기 접시 위에서
개망초꽃으로 피어난다

쌀밥을 둘둘 만 바삭한 돌김이
사르르 녹아서 식도를 넘는 동안

살짝 감은 두 눈은
수평선을 이룬다

바다가 육지가 되고
육지가 바다가 되는
머어언 세월 동안,

너와 나 그렇게
겸상을 하고 싶다

자리끼를 사이에 두고
원앙 한 쌍이 잠이 든다

참나무 숲에서는

멧비둘기가
멧돼지처럼 울어대고

계곡물 소리는
가랑잎처럼 바스락거린다

한낮에도
어둠이 웅크리고 있어서
약초꾼들은 다람쥐처럼
네발로 기어 다닌다

똬리 튼 능이버섯이
구렁이처럼 꿈틀대고
도토리는 젖무덤처럼
불룩하게 쌓여 있다

참숯 같은 새까만 달이
활활 타오르면

집집마다 닭을 잡느라
시끄러웠다

여승(女僧)

그녀는 뒤통수가
유난히 이쁘다
잘려나간 머리카락
낙엽처럼 덧없다

이따금 부는 번뇌
목탁에 부딪치고
처마 끝 풍경 소리
눈물처럼 서럽다

인자하신 부처님전
부모 공양 대신하며
못다 한 부부의 연
극락에서 함께하리

파르스름한 밤

하현달 두 개가
마주 보고 서 있다

밤꽃

내 오라비 장딴지 같은
다부진 밤나무가
동네 어귀에 말뚝처럼 서 있다

봄인 줄 여름인 줄
용케도 알아차리고
꼬챙이처럼 쪽쪽 뻗은
밤꽃들을 피우고 있다
조금은 망측한 분내를
요망스레 흘리면서.

청상과부 하나가 집을 나가버렸다

늙은 개

갑자기 쏟아지는 봄비를
옴팡 두들겨 맞는
늙은 개 한 마리

한 올 한 올 늘어진 꼬리가
세월만큼 서글프다

어슬렁거리는 눈동자마저
흥건하게 젖었다

턱없이 굼뜬 발자국들
움푹 파인 채 불고 있다

살구나무

봉긋 솟은 치악산 정중앙쯤
달덩어리가 어김없이 걸리었고
치렁치렁한 달빛을
찰랑이곤 하였다

울안 살구나무 아래에선
언제나 시큼한 내음이 났다
이웃집 새댁의 헛구역질 소리에
늘어진 가지가
파르르 떨렸다

강원도 낯익은 마을에선
늙은 살구나무도 서둘러서
꽃을 피우고 있을 것이다

잉태한 어린 봄의
따스한 체온이여

보리밥이 먹고 싶다

재래시장 후미진
골목 끝 어두침침한
간판도 없는 허름한 식당 안

밥물이 얼룩져
버짐처럼 푸석거리는
불룩한 솥단지 옆으로
허여멀건 토장국이
호들갑스럽게 끓고 있는,

장판을 덧댄
한쪽으로 기운 나무 선반 위로
비법이라야
아끼지 않고 넣었을 미원과
들기름 향이 나는
쥔장의 손맛이 전부인
갖가지 나물들이 허물어질 듯
산처럼 쌓여 있는,

씹을 새도 없이
목구멍으로 넘어가던
간지럽고 미끄덩한
보리밥 추억 한 순갈

시장 안 보리밥집
열서너 살 적
허기진 추억이
미지근한 국물처럼
어렴풋 그립다

사월 초파일

치악산 중턱 연암사에선
취나물 삶는 연기가
공양간을 달구었고
대웅전 문살마다
향내가 났다

반딧불처럼 연등이
하나둘 살아서 움직일 때면
관세음보살님의
넉넉한 웃음소리가
마을까지 들리곤 하였다

부고

삭풍이 판을 치던
지난겨울
제비집 흙담은
낡을 대로 낡아
홀아비 상투처럼
위태롭다

보풀처럼 지저분한
전선줄 가닥에
까마귀 댓 마리가
흉하게 앉아 있다

휘이 휘이
사납게 손사래를 치시는
어머님 모습이 꼭 전사 같다

봄이 오기 전
홀아비 하나가 죽었다는
기별이 먼저 당도했다

붕어 낚시

두엄 밭 지렁이
영문도 모른 채

삼등분 사 등분
바늘 끝에 꽂혔다

붕어란 놈 겁도 없이
지렁이를 애무한다

발가벗긴 몸뚱어리
어서 덥석 물려무나

울 아버지 물 밖에서
초조하게 기다린다

낚싯줄이 하늘 위로
바람을 가를 적에

지렁이를 입에 문 채

참붕어가 날고 있다

아카시아꽃 필 무렵

참나무 옆 벚나무 옆
밤나무 옆 개암나무 옆으로

달콤한 향내가
치근덕거린다

성질처럼 삐져나온
날카로운 가시마다

걸터앉은 봄바람이
안절부절못하다

날로 커가는 이파리들은
달아오르는 태양 빛에도
주눅 들지 않는다

주렁주렁한 꽃송이마다
객들로 윙윙거린다

네모난 꿀통이 묵직하다

삼복더위

산 아래를 태워 버릴 모양인 게야

월담하던 호박잎은
시뻘건 햇살 투하에
폭삭 주저앉았다

고추밭 비닐 속 쇠비름은
물컹한 땀을 흘리면서도
여전히 살아있다

마당 끝 대추나무는
올해도 다산을 했다
씨알 굵은 아이들이 잘도 커간다

발가벗은 암탉 수탉은
기름 뜬 뽀얀 국물 속에서
무아지경이다

네 식구가 밥상에 둘러앉아

이른 저녁을 뜯고 있다

구수한 바람 퍼덕인다

맷돌

갈라진 시멘트 봉당 끝에
맷돌 한 짝이 포개져 있다
어처구니가 없다

틀니 빠진 합죽이처럼
함몰된 주둥이엔
풀씨가 자라고 있다

칭칭 감긴 쇠붙이가
갑갑도 하련만
무슨 미련이 그리 많길래
숨통을 함부로 끊지도 못할까?

몰락시킨 콩가루 집안이
네 탓만은 아닌 것을

묵언 중인 맷돌 주위를
봄바람이 오른쪽으로
빙빙빙 돌고 있다